LOS NIÑOS Y LA CIENCIA

Los ciclos de vida

Las ranas

Aaron Carr

El enriquecido libro electrónico AV² te ofrece una experiencia bilingüe completa entre el inglés y el español para aprender el vocabulario de los dos idiomas.

This AV² media enhanced book gives you a fully bilingual experience between English and Spanish to learn the vocabulary of both languages.

Spanish

English

Navegación bilingüe AV²
AV² Bilingual Navigation

CERRAR
CLOSE

INICIO
HOME

OPCIÓN DE IDIOMA
LANGUAGE TOGGLE

CAMBIAR LA PÁGINA
PAGE TURNING

VISTA PRELIMINAR
PAGE PREVIEW

2

LOS NIÑOS Y LA CIENCIA

Los ciclos de vida

Las ranas

CONTENIDO

Todos los animales comienzan su vida, crecen, y producen más animales. Esto es un ciclo de vida.

Las ranas son anfibios. Los anfibios son animales de sangre fría. Esto significa que necesitan del sol para mantener el calor.

8

Las ranas nacen en el agua. Salen de huevos cuando nacen.

Los huevos de la rana verde de ojos rojos cuelgan de las plantas. Las ranas caen al agua cuando los huevos eclosionan.

Las ranas bebé se llaman renacuajos. Se ven como peces pequeños.
Los renacuajos respiran debajo el agua.

11

12

A los renacuajos les lleva cerca de ocho semanas convertirse en ranitas. A las ranitas les crecen patas y empiezan a perder sus colas.

Las ranitas parecen pequeñas ranas con una cola.

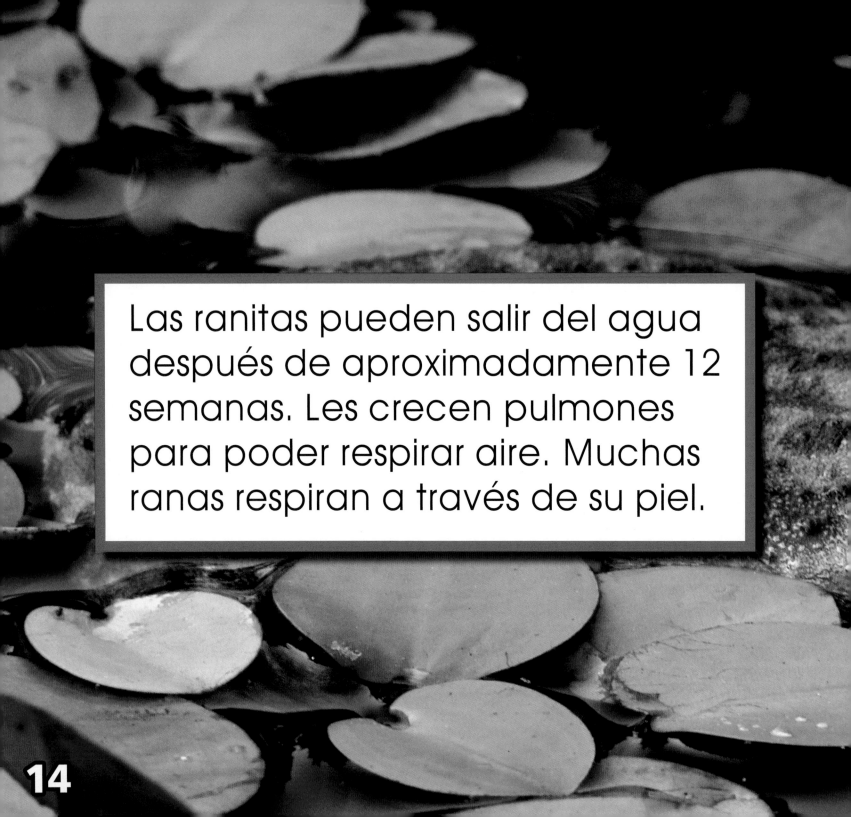

Las ranitas pueden salir del agua después de aproximadamente 12 semanas. Les crecen pulmones para poder respirar aire. Muchas ranas respiran a través de su piel.

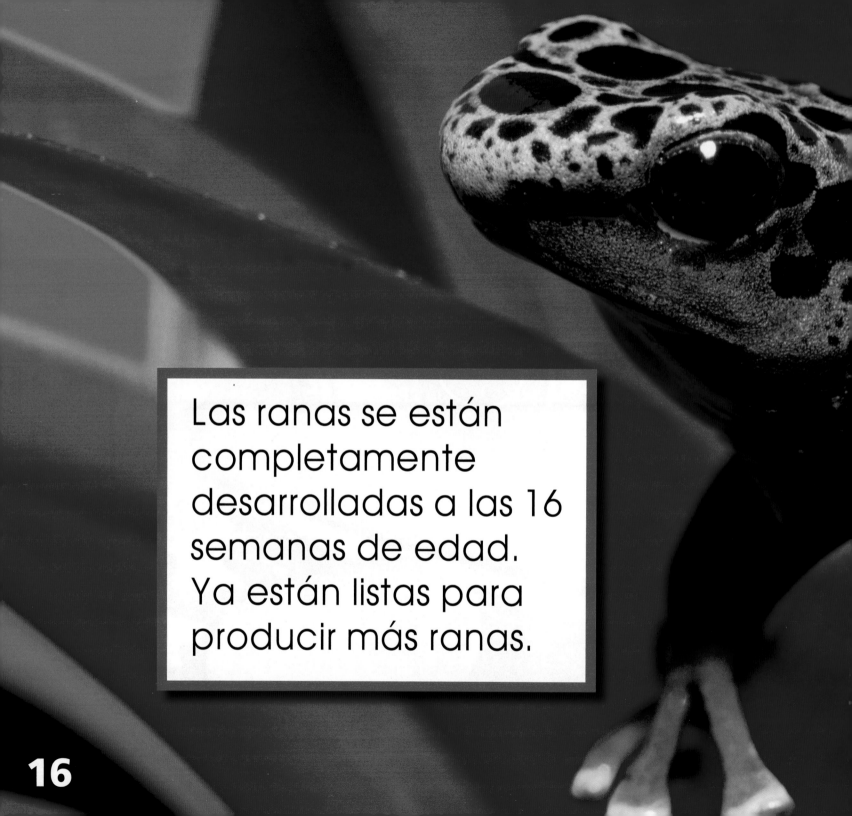

Las ranas se están completamente desarrolladas a las 16 semanas de edad. Ya están listas para producir más ranas.

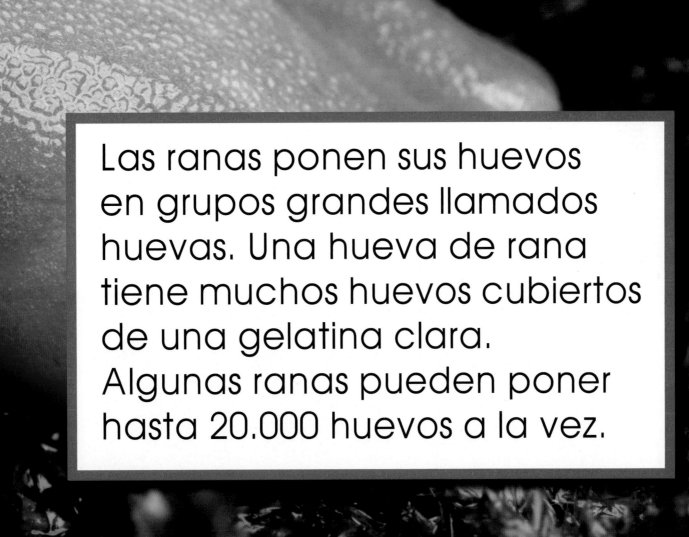

Las ranas ponen sus huevos en grupos grandes llamados huevas. Una hueva de rana tiene muchos huevos cubiertos de una gelatina clara. Algunas ranas pueden poner hasta 20.000 huevos a la vez.

Hay alrededor de 5.400 tipos de ranas. Cada especie de rana puede ser de un color o tamaño diferente. El color y el tamaño de las ranas provienen de sus padres.

21

Cuestionario sobre los ciclos de vida

Evalúa tus conocimientos acerca de los ciclos de vida de las ranas mediante este cuestionario. Observa estas fotos. ¿Qué etapa del ciclo de vida puedes ver en cada imagen?

¡Visita www.av2books.com para disfrutar de tu libro interactivo de inglés y español!

Check out www.av2books.com for your interactive English and Spanish ebook!

1 **Entra en www.av2books.com**
Go to www.av2books.com

2 **Ingresa tu código**
Enter book code

N 7 8 0 6 5 7

3 **¡Alimenta tu imaginación en línea!**
Fuel your imagination online!

www.av2books.com

Published by AV² by Weigl
350 5th Avenue, 59th Floor New York, NY 10118
Website: www.av2books.com   www.weigl.com

Library of Congress Control Number: 2014933372

ISBN 978-1-4896-2201-3 (hardcover)
ISBN 978-1-4896-2202-0 (single-user eBook)
ISBN 978-1-4896-2203-7 (multi-user eBook)

Printed in the United States of America in North Mankato, Minnesota
1 2 3 4 5 6 7 8 9 0 18 17 16 15 14

042014
WEP280314

Project Coordinator: Jared Siemens
Spanish Editor: Translation Cloud LLC
Art Director: Terry Paulhus